평범한 우리 어린이들을 다음 세대
위인으로 만들어 줄 교과서 위인 이야기!
효리원의 교과서 위인 이야기는 초등학교
교과 과정에 나오는 국내외 위인들을, 우리나라
최고 아동 문학가 53인이 재미있게 동화로 구성했습니다.
지혜와 용기로 위대한 삶을 산 위인들의 이야기는,
어린이들의 마음속에 '나도 할 수 있다.'는
희망의 씨앗을 심어 줄 것입니다!

KB192154

일러두기

1. 띄어쓰기와 맞춤법 : 초등학교 국어 교과서와 국립국어원의 『표준국어대사전』을 기준으로 하였습니다.

2. 외래어 지명과 인명 : 국립국어원의 『외래어 표기 용례집』을 기준으로 하였습니다.

3. 이해가 어려운 단어 : ( ) 안에 뜻풀이를 하였습니다.

4. 작가 연보 : 연도와 함께 나이를 표기하고, 업적을 간략히 소개하였습니다. 우리나라 위인은 태어난 해를 한 살로 하였고, 외국 위인은 만 나이를 한 살로 하였습니다. 정확한 자료가 없는 위인은 연도와 업적만을 나타냈습니다.

5. 내용 구성 : 위인의 삶은 역사적 자료를 바탕으로 최대한 사실적으로 구성하였습니다. 그러나 읽는 재미를 위해 대화 글이나 배경 묘사, 인물의 감정 표현 등에 작가의 상상력을 가미하였습니다.

6. 그림 구성 : 문헌을 바탕으로 위인이 살던 시대를 충실히 나타내도록 하되 복식의 색상이나 장식, 소품, 건물 등은 작가의 상상으로 그렸습니다.

7. 내용 감수 : 각 분야의 전문가들로 구성된 편집 위원들이 꼼꼼히 감수를 하였습니다.

편집 위원

김용만(우리역사문화연구소장)
교과서에서 만나는 위인들을 중심으로 일화와 함께 그림과 사진을 곁들여 지루하지 않게 읽을 수 있습니다. 술술 읽다 보면 학교 공부에도 많은 도움이 될 것입니다.

신현득(동시인, 전 새싹회 회장)
우리가 자주 듣고 접하는 역사 속 실존 인물들이 자신의 꿈을 이루기 위해 어떻게 노력했는지 깨달아 가면서 우리 어린이들은 한층 더 성숙해질 것입니다.

윤재운(동북아역사재단 연구 위원)
위인전을 읽으면서 어린이들은 시대를 넘어 간접 체험을 할 수 있습니다. 어떻게 살아야 하는지 인생에 대한 동기 부여와 함께 삶이 보다 풍요로워질 것입니다.

이은경(철학 박사, 전북과학대 유아교육학과 교수)
한 사람의 인격과 품성은 어릴 때 형성됩니다. 따라서 초등학교 저학년 때 어떤 책을 읽느냐에 따라 생각의 크기가 달라집니다. 어린이의 미래를 위해 이 책은 꼭 읽어야 합니다.

이창열(하버드 물리학 박사, 전 국가과학기술자문회의 전문 위원)
세상을 바꾼 위대한 인물의 이야기는 어린이의 인성 및 감성 발달에 큰 영향을 미칠 뿐 아니라 실험 정신과 개척 정신을 길러 줍니다. 용기와 지혜로 세상을 헤쳐 나가는 당당한 어린이를 꿈꾼다면 이 책은 꼭 한번 읽어 보아야 합니다.

정재도(한글학자)
위인으로 일컬어지는 이들은 어떤 생각을 하고, 어떤 삶을 살았을까요? 그들의 흔적을 담은 위인전은 복잡한 현대를 이끌어 갈 우리 어린이들에게 나침반과 같은 역할을 할 것입니다.

조수철(서울대학교 의과대학 소아정신과 교수)
위인전은 시대와 신분, 업적이 다른 위인들의 삶이 다양하고 흥미롭게 구성되어 있어 손쉽게 여러 삶의 모습을 만날 수 있습니다. 용기 있게 고난을 헤쳐 나간 위인의 이야기를 통해 삶의 지혜를 배울 수 있을 것입니다.

한글의 대중화에 앞장선 국어학자 주시경

양재홍 글 / 김옥재 그림

효리원
hyoreewon.com

이 책을 읽는 학부모님과 선생님께

오늘날 인류는 세계 속에서 함께 경쟁하며 살고 있습니다. 그런 까닭에 남보다 잘 먹고 잘살려면 하루라도 빨리 새로운 과학 기술을 배우고, 경쟁력 있는 외국어를 익혀야 한다는 강박 관념에 시달리기도 합니다.

그러다 보니 우리의 한글이 옛날에 '언문'이라고 낮추어 불렀던 시대처럼 하찮게 여겨질 때도 있습니다. 수년 전부터는 중국어까지 기세가 높아지면서 일부에서는 아이들에게 영어는 물론이고 중국어까지 조기 학습을 시켜야 한다고 목소리를 높이기도 합니다.

이러한 시절에, '한글 사랑'에 일생을 바친 주시경 선생님의 이야기가 어떠한 매력이 있을까, 의구심이 드는 것도 사실입니다. 하지만 조금만 멀리 내다보면 전혀 그렇지 않다는 것을 알 수 있습니다. 오늘날과 같은 세계화 시대를 살수록 우리말과 우리글을 지켜 내고 가꾸어 나가려는 의지가 더더욱 절실히 요구됩니다. 이것이야말로 우리 민족이 세계에서 당당하게 우리 자신의 목소리를 낼 수 있는 밑바탕이 되기 때문입니다.

부모님과 선생님들도 한힌샘 주시경 선생님의 일대기를 통해 우리말의 소중함을 다시금 깨닫는 기회가 될 것입니다. 그분의 이야기에는 '한글'과 관련된 것뿐 아니라, 어려운 시대를 온몸으로 부딪치며 살아간 한 젊은이의 용기와 열정, 희망, 애국심 등이 함께 어우러져 있습니다.

일제 강점기라는 힘든 상황에서 주시경이라는 지식인의 고뇌, 한글 사랑이 곧 나라 사랑의 길이라고 여겼던 학자들의 의식을 아이와 함께 짚어 가면서 이야기를 읽었으면 좋겠습니다.

우리 겨레의 국어 선생님인 주시경의 삶이 담긴 이 책을 읽는 어린이들의 가슴마다 우리말과 우리글에 대한 '특별한 사랑'이 싹 트기를 바랍니다.

아침에 눈을 뜨면 아버지, 어머니가 즐겁게 아침 인사를 건네시지요. 길에 나가면 친구들이 '어서 와. 함께 놀자.'며 손짓을 합니다.

개나리, 진달래가 피어나면 '꽃이 함박함박 웃는다.'고 시를 쓰기도 해요. 눈이 펄펄 내리는 날에는 '강아지가 꼬리를 달랑달랑 흔들며 달렸어요.'라고 일기를 씁니다. 우리말과 우리글이 없다면 이 모든 것들을 어떻게 표현할 수 있을까요?

이 책에 나오는 주시경 선생은 이 세상 사람 누구보다도 우리말을 아끼고 사랑한 분입니다. 그런 분이 계셨기 때문에 오늘도 우리는 '나는 네가 아주아주 좋아.' 하면서 자신의 생각을 마음껏 말하고 글로 쓸 수 있는 거예요.

여러분도 주시경 선생의 이야기를 읽고 우리말을 사랑하고 아끼는 마음을 쑥쑥 키워 보세요.

글쓴이 양재홍

차례

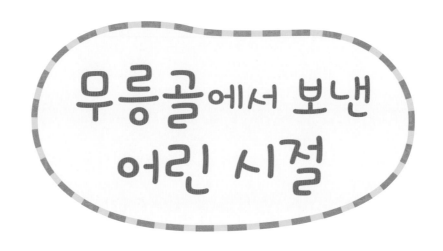

무릉골에서 보낸
어린 시절

1876년 11월 7일, 황해도 무릉골에서 주상호라는 아이가 태어났습니다.

그당시 우리나라는 형편이 아주 어지러운 때였습니다. 나라를 다스리는 사람들은 자기 혼자만 잘살겠다는 욕심으로 백성들의 재산을 함부로 빼앗으며 못살게 굴었습니다. 또 나라 밖에서는 일본이 우리나라로 쳐들어오려고 자꾸만 기웃거렸습니다.

"일본이나 미국, 영국 같은 외국 사람들하고 어울린다는 건

말도 안 돼. 우리나라 사람들끼리 똘똘 뭉쳐서 살아야 한다니까!"

우리나라는 문을 꼭꼭 걸어 잠그고 다른 나라 사람들이 들어오지 못하게 했습니다. 그런데도 일본 사람들은 포기하지 않고 계속해서 우리나라를 넘보고 있었습니다.

"가까운 이웃 나라끼리 친하게 지내면 좋지 않스무니까?"

말로는 친하게 지내고 싶어서 그런다고 했지만, 일본 사람들의 진짜 속마음은 그게 아니었습니다.

일본은 언제든지 우리나라를 통째로 집어삼키려고 호시탐탐 노리고 있었습니다.

이렇게 나라 안팎이 어지러운 때에 큰 흉년까지
들어 백성들은 먹고살기가 정말 힘들었습니다.

상호네 집도 들판에서 나물을 뜯어다 죽을 끓여

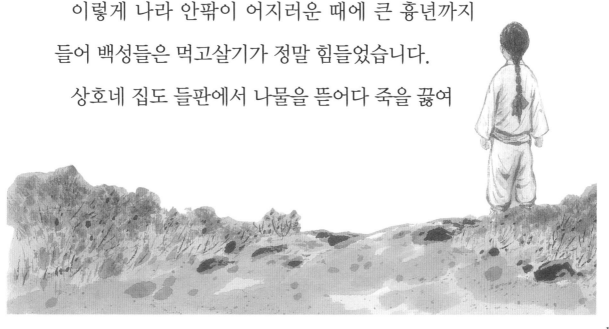

먹으며 겨우겨우 살아갔습니다.

가난 속에서도 상호는 무럭무럭 잘 자랐습니다. 형제들과도 사이좋게 지냈고, 동무들 사이에서는 언제나 가장 똑똑하고 속이 깊은 아이로 통했습니다.

"상호는 나중에 커서 틀림없이 큰 인물이 될 거야."

"맞아요. 어린애가 어쩌면 저렇게 생각이 바르고 의젓한지 몰라요."

동네 사람들은 상호를 칭찬했습니다.

상호는 동무들과 곧잘 수수깡으로 집짓기 놀이를 하면서 놀았습니다. 동무들은 서로 자기가 지은 집이 가장 멋지다고 우기다 다투곤 했습니다.

사실 집을 가장 멋지게 짓는 사람은 바로 상호였습니다. 상호는 이리저리 차근차근 살피면서 꼼꼼하게 수수깡을 쌓아 올려 튼튼하고 훌륭한 집을 지었습니다. 하지만 한 번도 먼저 나서서 자랑을 하지는 않았습니다. 언제나 싸움을 벌이는 것은 다른 아이들이었습니다.

"예끼, 이놈들! 동무끼리 사이좋게 놀아야지.
아까운 수수깡은 죄다 잘라 놓고 왜 싸움질이야!"
지나가던 어른이 야단을 치면 아이들은 겁을

먹고 뒤로 주춤주춤 물러났습니다. 그렇지만 상호는 달아나려고 하지 않았습니다.

"잘못했습니다. 용서해 주세요."

상호가 용감하게 앞으로 썩 나서서 말하면 어른들도 기분 좋게 웃으면서 그냥 지나갔습니다.

혼자서 집으로 돌아오는 길에 상호는 남쪽으로 높이 솟은 산 위의 하늘을 올려다보았습니다. 동네 사람들은 그 산을 '덜렁봉'이라고 불렀습니다.

'난 나중에 꼭 덜렁봉만큼 높고 커다란 일을 하는 사람이 될 거야.'

상호는 덜렁봉을 올려다볼 때마다 혼자 마음속으로 다짐을 했습니다.

새로운 서울 생활

　어느새 상호는 열두 살이 되었습니다. 상호는 아버지에게 한자를 배우는 한편, 틈날 때마다 어머니를 도와 나물 캐는 일도 했습니다.

　그러던 어느 날, 경성(지금의 서울)에 사는 큰아버지가 찾아왔습니다. 큰아버지는 장사를 크게 해서 돈을 아주 많이 벌었지만, 자식이 없어서 늘 걱정이었습니다.

　"이보게, 동생! 상호를 데려다 내 아들로 키우면 안 되겠나? 상호는 똑똑한 아이니까 이런 시골에 두는 것보다는 경성에

주시경 초상화 | 국어 연구에 큰 공헌을 한 국어학자 주시경의 초상화입니다.

서 공부를 시키는 게 좋을 거야."

"예? 상호를요? 상호는 아직 어린데……."

옆에서 듣고 있던 어머니가 걱정스럽게 말했습니다.

아버지와 어머니는 밤새도록 의논한 끝에 상호를 경성에 보내기로 했습니다.

상호는 하루아침에 가족들과 헤어지는 게 마음 아팠지만 묵묵히 부모님의 뜻을 따랐습니다.

경성으로 간 상호는 서당에 다니기 시작했습니다. 한문을 가르치는 훈장님은 공부를 아주 많이 한 분이었습니다.

"상호야, 너는 배우려는 태도가 참 좋구나!"

훈장님은 똑똑하고 공부도 열심히 하는 상호를 무척 위해 주었습니다.

상호는 몇 년 동안 빠지지 않고 서당에 다니면서 한문을 배웠습니다.

상호가 열다섯 살이 된 어느 날이었습니다. 그날도 상호는 서당에서 공부를 하고 있었습니다.

"부자유친(父子有親)은 아버지 '부', 아들 '자', 있을 '유', 친할 '친' 자를 쓰니, 이는 곧 '아버지와 아들은 친함이 있어야 한다.'는 뜻이니라."

훈장님은 한자를 하나하나 알려 준 뒤에 다시 그 뜻을 자세히 풀어서 설명했습니다.

그때 상호는 문득 이상한 생각이 들었습니다.

'한글은 소리 나는 대로 읽고 쓰니까 쉽게 배울 수 있는데, 한자는 글자마다 뜻이 다르고 모양도 다 달라서 아무리 배워도 어렵기만 해. 한글처럼 쉬운 글을 두고 왜 굳이 어려운 한자 공부를 해야 할까?'

상호는 집에 와서도 줄곧 그 생각뿐이었습니다.

아무리 생각해도, 누구나 쉽게 읽고 쓰는 데에는 한글이 제일이었습니다. 그런데도 그때까지 우리나라 사람들은 한글을 거의 쓰지 않고 있었습니다.

세종 대왕이 한글을 만든 지 400년이 훌쩍 넘었지만, 벼슬이 높은 사람들은 한자만 뛰어난 글자로 여길 뿐, 우리의 한글은 무시했습니다. 그래서 한글은 제대로 정리도 되지 않았고, 쓰는 방법도 정확하게 알려져 있지 않았습니다.

　　"좋아. 이제부터 한글을 연구하고 공부해서 누구나 쉽게 읽고 쓸 수 있게 만들어 보자. 그러면 사람들도 언젠가는 한글이 얼마나 훌륭한 글자인지 알게 될 거야."

　　상호는 곧 한문 공부를 그만두었습니다. 새롭게 할 일을 정하고, 어른이 되어 간다는 뜻에서 이름도 '시경'으로 바꾸었습니다.

　　주시경은 새로운 마음가짐으로, 길게 땋아 내렸던 머리를 짧게 자르고 '배재학당'이라는 학교에 입학했습니다.

　　그곳에서 수학, 역사, 영어 등 여러 가지 공부를 하면서 한글 연구를 시작했습니다.

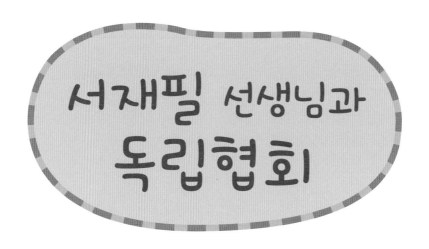

서재필 선생님과 독립협회

"미국이나 영국이 우리보다 잘사는 건 교육을 잘 받았기 때문이야. 나도 열심히 공부해서 우리나라가 잘사는 데 보탬이 되는 사람이 되겠어."

주시경은 밤 늦게까지 열심히 공부했습니다. 학교에서 배운 것은 물론이고 한글 연구에도 힘을 쏟았습니다.

그 무렵, 큰아버지가 하던 장사가 잘 안 돼서 살림이 무척 어려워졌습니다. 큰아버지가 학비를 대 줄 수 없게 되자 주시경은 학교 안에 있는 인쇄소에서 심부름꾼으로 일하며 공부

서재필 동상 | 주시경과 함께 독립신문을 발간하고 독립협회를 결성하였으며, 독립문을 세운 서재필 동상입니다.

를 계속했습니다. 몸은 힘들었지만 스스로 학비를 마련한다는 자부심이 있어서 얼마든지 참을 수 있었습니다. 한글을 연구하면서 주시경은 안타까운 생각이 들었습니다. 아무리 살펴봐도 한글은 세계 어느 나라의 글자보다 아름답고 뛰어난데, 우리나라 사람들이 그것을 미처 깨닫지 못하고 있기 때문이었습니다.

"우리나라 사람이 우리글을 우습게 아는 건 정말 부끄러운 일이야."

주시경은 몇몇 사람들과 모임을 만들어 한글 쓰는 법을 함께 정리해 나갔습니다. 얼마 뒤에는 부모님이 소개해 준 처녀와 결혼도 했습니다. 결혼식을 올리고 학교에 돌아오니 서재필이라는 선생님이 새로 와 있었습니다.

서재필은 오래전에 못된 정치인들과 맞서 싸우다 미움을 받아서 미국으로 건너갔습니다. 그곳에서 공부를 많이 하고 돌아와 배재학당의 선생님이 된 것입니다.

서재필 선생님은 주시경을 무척 아껴 주었습니다. 주시경이 우리글을 연구할 뿐 아니라, 나라를 사랑하는 마음도 아주 크다는 것을 알았기 때문입니다.

어느 날, 서재필 선생님이 주시경을 불러 물었습니다.

"시경 학생, 한글 연구는 잘되어 가는가?"

"예, 선생님."

주시경은 공손하게 대답했습니다.

그러자 서재필 선생님이 다시 말했습니다.

"그래, 힘들겠지만 나라를 위해 열심히 해 주게. 그리고 내가 온전히 한글만 쓰는 신문을 하나 만들까 하는데, 자네가 좀 도와주면 좋겠어. 사람들에게 세상 돌아가는 일에 대해 알려 주려면 신문이 꼭 있어야 해. 사람들이 무엇이든 많이 알아야 나라에 힘이 생기지 않겠는가. 그러면 일본 같은 나라에 끌려 다니지 않게 될 테고."

"그런 일이라면 얼마든지 거들겠습니다."

이렇게 해서 두 사람은 힘을 합쳐「독립신문」을 만들어 냈습니다. '독립'은 우리 스스로 힘을 길러 우뚝 선다는 뜻이 담긴 말이었습니다. 주시경은 신문에다 나라 안에서 벌어지는 일들을 자세히 적고, 임금님과 신하들이 잘못하는 일이 있으면 따끔하게 야단치는 내용도 썼습니다. 사람들은「독립신문」을 읽으면서, 잘 몰랐던 일들을 많이 깨우치게 되었습니다.

몇 달 뒤에는 서재필 선생님과 주시경, 그리고 나라를 사랑하는 많은 사람들이 모여서 '독립협회'라는 모임도 만들었습니다. 그들은 나라의 잘못된 점들을 고쳐 나가는 데 앞장섰습니다. 넓은 장소에 사람들을 불러 모아 놓고 연설을 하기도 했

「독립신문」 창간호 | 1896년 조선 정부의 지원을 받아 서재필이 창간한 현대식 신문이며, 우리나라 최초의 민간 신문. 1~3면은 순 한글, 4면은 영문판으로 편집되었습니다.

습니다.

"여러분, 지금 일본이나 다른 나라들이 자꾸만 우리나라를 넘보고 있습니다. 그런데 높은 자리에 앉아 있는 사람들은 나라를 지킬 생각은 하지 않고, 그들이 하라는 대로 끌려다니기만 합니다. 우리나라는 우리 손으로 지켜야 합니다, 여러분!"

연설을 들은 사람들은, 입을 모아 어리석은 정치인들을 꾸짖으며 힘을 기르자고 외쳤습니다.

장돌뱅이들의
공격

못된 정치인들은 정치를 잘못한다고 독립협회가 자꾸 야단 치자 화가 났습니다. 점점 더 많은 사람들이 독립협회를 믿고 따르면서 자기들을 욕했기 때문에 높은 자리에서 쫓겨날까 봐 겁도 났습니다.

"아무래도 안 되겠어요. 독립협회 놈들을 그냥 두었다가는 큰일나겠어요. 당장 사람을 풀어서 혼쭐을 내 줍시다!"

"좋습니다. 그놈들은 한데 몰려다니면서 폐하와 우리가 하 는 일을 사사건건 탓하니, 가만두면 절대 안 돼요. 우리한테

함부로 까불면 어떻게 되는지 본때를 보여 줘야 한다고요!"

못된 정치인들은 깡패들을 불러 모았습니다. 여기저기 떠돌아다니면서 장사를 하는 장돌뱅이들이었습니다. 시키는 대로 하지 않으면 장사를 못하게 만들어 버렸기 때문에 장돌뱅이들은 못된 정치인들의 말을 잘 들었습니다.

"지금 당장 독립협회 놈들을 혼내 주고 와라. 너희들이 하는 일은 나라를 위한 것이니 어떤 방법을 써도 상관 없다. 그놈들이 다시는 까불지 못하게 단단히 혼을 내 줘야 한다!"

"예, 나리! 염려 마십시오."

장돌뱅이들은 몽둥이를 들고 우르르 달려 나갔습니다. 그들은 독립협회 사무실의 책상과 의자를 닥치는 대로 때려 부수고, 주시경과 다른 회원들이 연설하는 곳마다 나타나서 겁을 주어 사람들을 쫓아 버렸습니다.

이제 독립협회는 아무 일도 할 수 없게 되었습니다.

"못된 정치인들이 보낸 깡패들 때문에 주저앉을 수는 없어요. 우리가 포기하면 그들이 머지않아 이 나라를 망하게 할 거예요.”

“그래요. 끝까지 맞서서 싸웁시다. 옳은 일을 하려면 이 정도 어려움은 이겨 내야지요.”

독립협회 회원들은 힘을 모아 장돌뱅이들과 맞서기로 했습니다. 그때부터 무시무시한 싸움이 시작되었습니다. 독립협회 회원들과 장돌뱅이들은 맞닥뜨리기만 하면 아무 데서나 상대편에게 몽둥이를 휘둘렀습니다.

싸움은 갈수록 심해졌습니다. 다치거나 죽는 사람이 점점 늘어났습니다. 그러자 백성들은 무서워서 길거리에 함부로 나다니지 못했고, 나라는 더욱 어지러워졌습니다.

마침내 임금님이 나서서 명령을 내렸습니다.

“양쪽 모두 당장 싸움을 멈추도록 하라. 그리고 이 싸움은 독립협회 때문에 벌어진 일이니, 회장인 서재필을 다시 미국으로 쫓아 보내도록 하라.”

이 소식을 들은 주시경과 회원들은 깜짝 놀랐습니다. 서재필 선생님이 없는 독립협회는 선장이 없는 배와 같았습니다.

하지만 임금님의 명령을 어길 수는 없었습니다.

"시경 군, 자네만 믿고 떠나네. 「독립신문」을 계속 발행하면서, 독립협회도 잘 이끌어 주게."

"선생님, 제가 잘할 수 있을까요?"

"당연하지. 누구보다도 잘 협회를 이끌 수 있을 거네!"

서재필 선생님은 주시경에게 단단히 부탁하고는 미국으로 떠났습니다.

'그래, 서재필 선생님을 생각해서라도 용기를 내자.'

주시경은 꿋꿋하게, 하던 일을 계속해 나갔습니다. 독립협회의 새로운 회장도 뽑았습니다. 그러자 독립협회를 없애려고 했던 못된 정치인들은 주시경을 몹시 미워했습니다. 하지만 주시경은 아무것도 두려워하지 않았습니다.

한글 선생님이
되다

주시경은 독립협회와 「독립신문」 일로 눈코 뜰 새 없이 바빴습니다. 그래도 한글 연구만큼은 쉬지 않았습니다. 배재학당을 졸업하고 나서부터는 한글 연구에 더욱 힘을 쏟았습니다. 공부를 하면 할수록 주시경은 한글이 얼마나 훌륭한 글자인지 알게 되었습니다.

"한글은 적은 수의 글자로도 모든 소리를 쉽게 쓸 수 있고, 모양도 아름다운 글자야."

주시경은 기쁜 마음으로 공부를 계속했습니다. 1898년에는

41

『국어 문법』이라는 책도 펴냈습니다. 『국어 문법』은 한글을 쓰는 방법에 관해 자세히 쓴 책이었습니다.

그때부터 주시경은 한글학자로 더 유명해졌습니다. 주시경만큼 한글을 연구하고 공부한 사람이 없었기 때문에 궁금한 게 있으면 무조건 그에게 와서 물었습니다.

그러던 어느 날, 상동교회의 목사가 찾아왔습니다.

"주 선생님, 우리 교회의 주일 학교 학생들에게 우리말과 글을 좀 가르쳐 주세요. 지금처럼 나라가 어려운 때에 학생들이 우리말과 우리글을 배우면 아주 큰 힘이 될 거예요."

"그런 일이라면 얼마든지 해야지요."

주시경은 뛸 듯이 기뻐하며 대답했습니다.

오랫동안 공부해 온 한글을 학생들에게 직접 가르친다는 건 꿈만 같은 일이었습니다.

주시경은 온 힘을 기울여 학생들을 가르쳤습니다. 그가 한글을 가르친다는 소문은 금세 퍼져 나갔습니다. 그러자 여기저기에서 한글을 가르쳐 달라고 부탁해 왔습니다. 그중에는

외국 사람들도 있었습니다.

'한글을 배우겠다는 사람이 있는 곳이면 어디든 가야지. 우리글을 가르쳐서 백성들이 우리나라를 자랑스럽게 생각하는 마음을 갖는다면 그게 바로 애국인 거야.'

이렇게 생각한 주시경은 더 많은 사람들에게 한글을 가르치기 위해 바쁘게 돌아다녔습니다.

학생들을 직접 가르치는 것은 한글 연구에도 큰 도움이 되었습니다. 학생들이 잘 모르는 내용을 물어 보면 주시경은 같이 공부하고 풀어 나가면서 한글 연구를 계속했습니다.

한글을 가르치는 일은 주시경에게 새로운 기쁨이었습니다. 독립협회에서는 몸으로 부딪쳐 싸워 가며 나라를 살리려고 애썼다면, 이제부터는 사람들에게 우리의 한글 정신을 깨우쳐 줌으로써 나라를 구한다고 생각했습니다.

그런데 책보자기를 들고 날마다 이 학교 저 학교로 돌아다니는 주시경을 보고 학생들은 '주보따리'라는 별명을 지어 불렀습니다.

"야아, 주보따리 오신다!"

학생들이 소리치며 깔깔대도 주시경은 화를 내지 않았습니다.

"그래, 이놈들아! 주보따리 왔다. 오늘도 주보따리랑 한글 공부 한번 제대로 해 보자꾸나."

주시경은 한글을 가르치는 게 좋아서 '주보따리'라는 별명까지 자랑스럽게 여겼습니다.

한글 연구를 해 나가는 동안 주시경은 국어사전을 만들어야겠다고 생각했습니다. 많은 사람들이 한글을 제대로 읽고 쓰게 하려면 사전이 꼭 필요했습니다.

하지만 사전을 만드는 데에는 엄청나게 많은 자료와 돈이 있어야 했습니다.

보성중학교 제1회 졸업 사진(1910년) | 동그라미 속 인물이 학생들에게 우리글을 가르쳤던 주시경입니다.

'옳지. 임금님께 상소문을 올려서 도와달라고 부탁을 해야 겠구나!'

주시경은 당장 임금님에게 편지를 썼습니다. 편지를 읽은 임금님은 좋은 생각이라고 칭찬하면서 얼마든지 돕겠다고 했 습니다. 힘을 얻은 주시경은 이내 사전 만드는 일을 시작했습 니다.

일본의 검은 욕심

1905년, 일본이 우리나라를 보호해 주겠다고 나섰습니다.

"조선은 아직 세상이 어떻게 돌아가는지 잘 모르니 우리 일본이 도와주겠소. 여기에 도장을 찍으시오."

일본 사람들은 궁궐로 찾아와서 우리나라 일을 일본에 모두 맡긴다는 내용이 적힌 종이를 내밀었습니다.

"우리 조선을 위해 그렇게까지 애써 주신다니, 정말 고맙습니다."

몇몇 대신들은 감사 인사를 하며 얼떨결에 도장을 찍어 주

었습니다. 하지만 일본이 우리나라를 돕고 보호해 주겠다는 것은 새빨간 거짓말이었습니다. 사실은 우리나라를 자기들 마음대로 쥐고 흔들다가 때가 되면 통째로 빼앗아 버리려는 욕심이었습니다.

이것이 바로 을사조약(강제로 맺었다는 뜻에서 '을사늑약'이라고도 함)입니다.

그때부터 일본은 우리나라에 당당하게 들어와서 모든 일을 마음대로 처리하기 시작했습니다. 외국에서 손님이 찾아와도 자기들이 나서서 만났고, 우리 백성들에게도 자기들이 임금인 것처럼 명령을 내렸습니다.

"정신 나간 대신들이 일본에 나라를 팔아먹었구나."

나라를 걱정하는 사람들은 분해서 땅을 치며 울었습니다. 민영환이라는 분은 억울함을 참지 못하고 스스로 목숨을 끊기도 했습니다.

최익현이라는 분은 의병을 모았습니다.

"목숨을 바쳐서라도 빼앗긴 나라를 되찾고 말 테다!"

최익현은 의병 400여 명을 이끌고 전라북도 태안 등지에서 일본군과 맞서 싸웠습니다. 그러다가 일본군에게 붙잡힌 최익현은 일본의 쓰시마(우리나라와 일본 규슈 사이에 있는 섬)로 끌려갔습니다.

"조선은 이미 일본 땅이나 마찬가지요. 이제라도 싸움을 포기하고 우리 일을 돕겠다면 당신에게 높은 벼슬을 주고 잘살게 해 주겠소."

일본군은 최익현을 자기들 편으로 만들려고 했지만, 그는 들은 척도 하지 않았습니다. 그뿐 아니라, 일본 사람이 가져다 주는 음식도 먹지 않았습니다.

"네놈들은 더러운 발로 우리 조선 땅을 짓밟은 원수다. 굶어 죽을지언정 너희 같은 원수 놈들이 주는 음식은 먹지 않을 것이다."

최익현은 눈을 부릅뜨고 말했습니다.

그들은 강제로 입을 벌리고 음식을 퍼 넣었지만, 최익현은 이내 뱉어 버렸습니다. 그러다가 끝내 굶어 죽고 말았습니다.

이 소식을 전해 들은 주시경은 너무나 마음이 아파서 잠을 이루지 못했습니다.

'원수의 땅에서 가엾게 돌아가신 최익현 선생님을 위해 절에 가서 제사라도 지내 드려야겠다.'

주시경은 곧 사람들에게 연락해서 조용한 절로 모이도록 했습니다. 일본군에게 들키면 당장 감옥에 잡혀갈 수도 있었지만 고맙게도 많은 사람들이 와 주었습니다. 주시경은 절에 모인 사람들과 함께 정성껏 제사를 지냈습니다.

'최익현 선생님은 나라 걱정만 하다가 돌아가셨다. 나도 나라를 위해 할 수 있는 일이 더 없는지 찾아봐야겠다.'

주시경은 집으로 돌아오면서 이렇게 다짐했습니다.

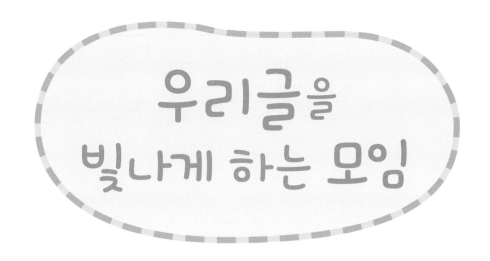

우리글을 빛나게 하는 모임

"우리나라가 일본에 속아 이렇게 힘을 잃은 건 다 배우지 못해서 그래. 공부를 많이 해서 아는 것이 많아지면 힘이 세질 수 있어."

많은 사람들은 이제부터라도 공부를 제대로 해야 한다고 목소리를 높였습니다. 그래서 전국 곳곳에 학교가 생겨났습니다. 주시경은 학교를 세우려는 사람이 있으면 곧장 달려가서 도와주었습니다. 한글을 가르치는 일도 더 열심히 했습니다.

학교 수가 늘어나자 주시경은 전보다 더 바빠졌습니다.

"온 백성이 열심히 공부하고 다시 힘을 기르면 반드시 이 땅에서 일본 사람들을 쫓아낼 수 있을 거야."

이렇게 믿은 까닭에, 주시경은 피곤한 것도 잊고 바쁘게 뛰어다녔습니다.

그런데 안타깝게도 1910년, 우리는 일본에 강제로 나라를 빼앗겼습니다. 일본은 이제 당당하게 주인 행세를 했습니다.

하루아침에 나라를 완전히 빼앗긴 백성들은 목이 터져라 울었지만 아무 소용이 없었습니다.

주시경도 하늘이 무너져 내리는 것만 같았습니다. 허나 언제까지나 슬퍼하고 있을 수만은 없었습니다.

'잃어버린 나라를 되찾으려면 힘을 기르는 수밖에 없어.'

주시경은 한글을 연구하고 가르치는 데 더욱 힘을 쏟았습니다. 하지만 그 일은 갈수록 어려워졌습니다. 우리나라를 삼켜버린 일본은 자기들 마음대로 정치를 했습니다. 가장 먼저 그들은 한글 연구를 하지 못하게 했고, 나라를 되찾으려고 애쓰는 사람들을 무조건 잡아다 감옥에 가두었습니다. 백성들은 우리말과 우리글도 제대로 쓰지 못하고 일본이 시키는 대로 해야만 했습니다.

주시경은 안타깝고 속이 상해서 발을 동동 굴렀습니다.

그러던 어느 날, 최남선이라는 분이 주시경과 몇몇 사람들을 불러 모았습니다. 그들은 모두 나라를 사랑하는 마음이 큰 학자들이었습니다.

"일본인들은 우리말과 글은 물론이고 우리나라의 좋은 책도 다 없애려고 할 거요. 우리가 그 책들을 지킵시다!"

최남선이 말했습니다.

"정말 좋은 생각이십니다. 우리 조상들이 물려준 귀중한 책들을 꼭 지켜 내야 합니다."

주시경도 힘주어 말했습니다.

그 자리에 모인 사람들은 곧바로 '광문회'라는 모임을 만들었습니다. 광문회는 '우리글을 빛나게 하는 모임'이라는 뜻이었습니다.

그때부터 주시경은 우리 조상들이 남긴 귀하고 값진 책을 찾아내어 살리는 일에 앞장을 섰습니다. 일본군을 피해 가며 몰래몰래 일하느라 두 배로 힘들었지만, 귀한 책을 한 권씩 펴낼 때마다 우리글이 정말로 빛나는 것만 같아서 날아갈 듯이 기뻤습니다.

또 한편으로 주시경은 사전 펴내는 일도 다시 시작했습니다. 더 이상 나라의 도움을 받을 수 없었기 때문에 자료를 모으고 정리하는 모든 일들을 혼자서 해야만 했습니다.

주시경은 한글을 살려야 한다는 생각으로 어떤 어려움도 참아 내며 차근차근 준비해 나갔습니다.

갑작스러운
죽음

1914년, 일본은 갈수록 더 우리나라 사람들을 괴롭혔습니다. 몇몇 사람들이 모여서 이야기만 나누어도 일본에 맞서 싸울 궁리를 한다며 잡아갔습니다.

사람들은 숨소리도 크게 내지 못할 만큼 답답하고 무서운 하루하루를 보냈습니다. 주시경도 더 이상 자유롭게 한글을 연구하거나 학생들을 가르칠 수 없었습니다.

'아무래도 안 되겠어. 여기서는 아무 일도 할 수가 없으니, 차라리 우리나라 사람들이 많이 모여 사는 만주로 가자. 그곳

周時經先生遺稿目次

序文
小傳
追悼詩

卷一
朝鮮語文典音學

卷二
朝鮮語文法

卷三
말의소리

조선어 문법 | 주시경이 세상을 떠나고, 1946년에 간행된 국어 문법 책. 개화기에 저술된 주시경의 연구를 합집으로 간행하였습니다.

에서 학생들을 가르치면서, 한글 연구도 계속해야겠다. 그리고 다른 사람들과 함께 나라를 되찾을 방법도 의논해 보자.'

오랜 생각 끝에 이와 같이 결심한 주시경은 곧 떠날 준비를 서둘렀습니다.

고향에 계신 부모님과 사랑하는 아내, 그리고 아이들을 생각하면 마음이 많이 무거웠습니다. 하지만 나라를 되찾으려면 어떻게든 힘을 모아야 했습니다.

만주로 떠나기 이틀 전, 가방을 정리하던 주시경은 갑자기 배가 아프다며 바닥을 데굴데굴 굴렀습니다.

"아니, 여보! 왜 그러세요?"

깜짝 놀란 아내가 급히 의사를 불러왔습니다.

"심하게 체하셨군요. 이 약을 먹고 좀 쉬면 괜찮아지실 테니 너무 걱정 마세요."

그러면서 의사는 주사까지 놔 주고 돌아갔습니다. 그제야 주시경은 편안한 얼굴로 잠이 들었습니다.

그런데 새벽녘이 되자 갑자기 주시경의 숨소리가 거칠어졌습니다. 아내와 아이들이 깜짝 놀라서 달려갔을 때는 안타깝게도 이미 숨이 멎은 뒤였습니다. 너무나 갑작스러운 일이라 가족들은 할 말을 잃었습니다.

다음 날, 그가 죽었다는 소식을 전해 들은 사람들은 너무 놀라서 한동안 입을 다물지 못했습니다.

주시경은 그렇게 서른아홉이라는 짧은 생을 살고 갔습니다. 그는 일생 동안 오직 한글과 나라 생각만 하며 살았습니다.

일본에 나라를 빼앗긴 상태에서 우리글을 연구하는 일은 목숨을 건 것과 같이 위험하고 힘든 일이었습니다.

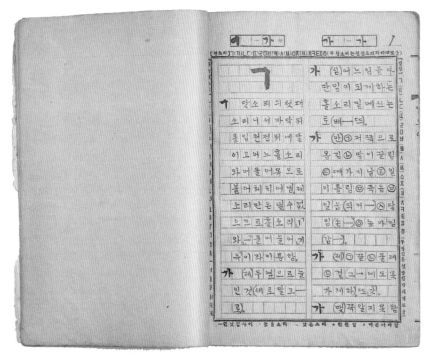

주시경의 국어사전 원고 | 주시경이 쓴 최초의 국어사전인 「말모이」 원고입니다. 안타깝게도 책으로 발간 되지는 못했습니다.

하지만 주시경은 끝까지 포기하지 않았습니다. 말과 글은 그 나라의 가장 소중한 보물이기 때문입니다. 그와 같은 노력 덕분에 우리는 삼십육 년 동안이나 일본에 나라를 빼앗겼으면서도 우리말과 글을 잃지 않고 살 수 있었던 것입니다.

주시경이 세상을 떠난 뒤에도, 그가 가르쳤던 학생들이 주시경의 뜻을 이어받아 계속해서 한글을 연구하고 지켜 나갔습니다.

그들은 주시경이 생전에 소원했던 『조선말 큰 사전』을 펴냈

고, 그가 연구한 내용을 바탕으로 모든 사람들이 지금처럼 한글을 쉽게 읽고 쓸 수 있도록 만들었습니다.

　주시경과 여러 한글 학자들이 힘겹게 노력한 결과 오늘날 한글은 세계에서 뛰어난 글자로 인정받으며 찬란하게 빛나고 있습니다.

연 대	발 자 취
1876년(1세)	11월 7일, 황해도 봉산군 전산방 무릉골에서 아버지 주면석과 어머니 전주 이씨 사이에서 태어나다.
1887년(12세)	큰아버지(주면진)의 양자가 되어 경성으로 가다. 이회종 진사에게 한문을 배우다.
1890년(15세)	이 진사가 매번 한자를 읽고 나서 우리말로 뜻풀이를 해 주는 것을 보고, 한글 연구의 뜻을 세우다.
1894년(19세)	머리를 깎고 배재학당에 들어가 박세양, 정인덕에게 신학문을 배우다.
1895년(20세)	관립 이운학교 학생으로 뽑혀 항해술을 배우다.
1896년(21세)	김해 김씨 집안의 딸과 결혼하고, 다시 배재학당에 들어가다. 서재필이 창간한 「독립신문」 만드는 일을 거들면서, 독립협회 조직에 참여하다. 개화 운동을 하다.
1897년(22세)	배재학당 특별과를 졸업하고, 보통과에 다시 입학하다. 한글 표기법을 연구하다.
1898년(23세)	서재필이 미국으로 떠난 뒤 독립협회와 「독립신문」의 일을 맡아 하다. 『국어 문법』을 펴내다.
1900년(25세)	상동교회의 사립 학숙에서 국어 문법을 가르치다. 홍화학교에 입학하여 측량술을 배우다. 독학으로 일본어, 영어, 식물학 등을 공부하다.
1904년(29세)	정동 간호원양성학교에서 한글 강습을 하면서 사무를 맡아 보다.
1905년(30세)	국어 연구와 『말모이(국어사전)』 편찬에 따른 건의서를 정부에 내다.
1906년(31세)	『대한 국어 문법』을 펴내다. 광무사를 조직하고 최익현을 추모하다. 예수교를 믿다가 대종교로 바꾸다.
1907년(32세)	남대문 공옥학교에 조선어 강습원을 차려 학생들을 가르치다. 학부(지금의 교육과학기술부)에 국문 연구소가 생기자 연구 위원으로 들어가다. 『월남 망국사』를 우리말로 옮겨 박문서관에서 펴내다.
1908년(33세)	『국어 문전 음학』을 펴내다.
1910년(35세)	한일 강제 병합(국권 피탈)으로 국문 연구소가 폐쇄되자 최남선과 함께 광문회를 만들어 한글에 관한 옛 책들을 다시 펴내다.
1911년(36세)	보성중학교 안에 조선어 강습원을 차리고 학생들을 무료로 가르치다. 이때 훗날 한글 연구에 크게 이바지하는 최현배가 학생으로서 공부하다.
1914년(39세)	『말의 소리』를 펴내다. '105인 사건' 이후 만주로 갈 결심을 하다. 7월 27일, 갑작스러운 체증으로 세상을 떠나다.
1933년	『주시경 선생 유고』가 간행되다.
1960년	남양주군 진접면으로 산소를 옮기고, 한글학회를 비롯한 여러 단체 사람들이 모여 기념식을 가지다.

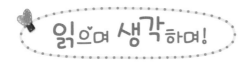

1. 주시경과 서재필이 힘을 합해 만든 신문은 무엇인가요?

_____

2. 일본군과 싸우다 붙잡혀, 보기 글과 같이 말한 뒤 음식을 거부하고 숨을 거둔 사람은 누구인가요? 괄호 안에 들어갈 이름을 써 보세요.

일본군은 (   )을 자기들 편으로 만들려고 했지만, 그는 들은 척도 하지 않았습니다. 그뿐 아니라, 일본 사람이 가져다 주는 음식도 먹지 않았습니다.

"네놈들은 더러운 발로 우리 조선 땅을 짓밟은 원수다. 굶어 죽을지언정 너희 같은 원수 놈들이 주는 음식은 먹지 않을 것이다."

(   )은 눈을 부릅뜨고 말했습니다.

_____

3. 주시경이 학생들에게 '주보따리'라는 별명을 얻은 까닭은 무엇인가요?

_____

_____

_____

4. 다음 보기 글을 읽고, 여기 등장하는 정치인들의 행동이 어떤 점에서 잘못되었는지 자신의 생각을 말해 보세요.

> 못된 정치인들은 곧 깡패들을 불러 모았습니다. 여기저기 떠돌아다니면서 장사를 하는 장돌뱅이들이었습니다.
> 시키는 대로 하지 않으면 장사를 못하게 만들어 버렸기 때문에 장돌뱅이들은 못된 정치인들의 말을 잘 들었습니다.
> "지금 당장 독립협회 놈들을 혼내 주고 와라. 너희들이 하는 일은 나라를 위한 것이니 어떤 방법을 써도 상관 없다. 그 놈들이 다시는 까불지 못하게 단단히 혼을 내 줘야 한다!"

5. 독립협회 사람들과 정치인들이 맞서자, 임금은 회장인 서재필을 미국으로 쫓아 보내라고 합니다. 만약 자신이 임금이라면 어떻게 행동할 것인지, 또 그와 같은 입장을 내세우는 이유는 무엇인지 말해 보세요.

6. 주시경이 우리말과 글을 연구하여 가르치는 등 열심히 한글을 알린 덕에 우리나라 고유 문자인 한글을 지킬 수 있었습니다. 만약 그때 한글 쓰기를 포기했다면 어떻게 되었을지 상상해서 적어 보세요.

일본에 나라를 빼앗긴 상태에서 우리글을 연구하는 일은 목숨을 건 것과 같이 위험하고 힘든 일이었습니다. 하지만 주시경은 끝까지 포기하지 않았습니다. 말과 글은 그 나라의 가장 소중한 보물이기 때문입니다.

그와 같은 노력 덕분에 우리는 삼십육 년 동안이나 일본에 나라를 빼앗겼으면서도 우리말과 글을 잃지 않고 살 수 있었던 것입니다.

7. 주시경은 한글을 통해 우리 민족의 정신을 알리려 했습니다. 주시경의 뜻을 이어받아 앞으로 한글을 더욱 빛나게 하려면 어떻게 해야 할까요?

풀이

1. 독립신문

2. 최익현

3. 책보자기를 들고 이 학교, 저 학교로 한글을 가르치러 다녔기 때문에.

4. 예시 : 정치인이라면 나라를 위해 어떤 일을 해야 할지 궁리하고 국민의 말에 귀를 기울여야 한다. 그런데 자신의 잘못을 들춰 냈다는 이유로 깡패를 모아 독립협회 사람들을 공격했다. 잘못한 점을 지적해 준 사람들을 혼내 주려 했 다는 점에서 정치인의 행동은 정말 잘못되었다고 생각한다.

5. 예시 : 싸움이 일어났을 때 무조건 한쪽만 벌을 주는 것은 올바르지 않다고 생각한다. 나라면 우선 정치인들과 독립협회 사람들을 불러 그들의 의견을 들어 볼 것이다. 그리고 싸움이 벌어진 이유를 살펴본 다음, 양쪽의 잘잘못을 치우침 없이 판단하여 해결 방법을 찾을 것이다. 그렇게 하지 않으면 아무 잘 못도 없는 사람이 벌을 받는 일이 생길 수도 있기 때문이다.

6. 예시 : 우리는 오늘날 한자처럼 어려운, 다른 문자를 쓰고 있을 것이다. 한자 는 배우거나 쓰기도 어렵고 글자 수가 너무 많아 외우기도 힘들다. 그러나 노 벨 문학상을 받은 펄벅이 '가장 단순하며 가장 훌륭한 글자'라고 찬탄했던 한 글은 자음 · 모음의 조합만으로 생각을 나타낼 수 있고, 무엇이든 소리나는 대로 읽고 쓸 수 있어서 배우기도 쉽다. 세계 어디에 내놓아도 뒤지지 않을 만큼 독창적인 문자가 있다는 사실이 자랑스럽다.

7. 예시 : 우선 한글을 이상하게 바꾸어 쓰거나 외래어를 너무 많이 사용하지 않 아야겠다. 요즘 인터넷에서는 그런 현상을 아주 쉽게 찾아볼 수 있어서 걱정 이 된다. 우리 모두 각자가 한글과 우리 민족의 정신을 지키는 사람이라고 생 각하고 바르게 쓰도록 노력해야 할 것 같다. 주변 친구들에게도 한글을 바르 게 쓰자고 권해 뛰어난 우리글을 더욱 빛나게 해야겠다.

상단 (한국사 위인)

최무선 (1328~1395)
황희 (1363~1452)
세종대왕 (1397~1450)
장영실 (?~?)

신사임당 (1504~1551)
이이 (1536~1584)
허준 (1539~1615)
유성룡 (1542~1607)

한석봉 (1543~1605)
이순신 (1545~1598)
오성과 한음 (오성 1556~1618 / 한음 1561~1613)

광개토태왕 (374~412)
연개소문 (?~666)
을지문덕 (?~?)
김유신 (595~673)

장보고 (?~846)
왕건 (877~943)
강감찬 (948~1031)

대조영 (?~719)

고구려 살수 대첩 (612)
신라 삼국 통일 (676)

견훤 후백제 건국 (900)
궁예 후고구려 건국 (901)

고려 강화로 도읍 옮김 (1232)
개경 환도, 삼별초 대몽 항쟁 (1270)

문익점 원에서 목화씨 가져옴 (1363)
최무선 화약 만듦 (1377)
조선 건국 (1392)

허준 동의보감 완성 (1610)
병자호란 (1636)
상평통보 전국 유통 (1678)

고조선 건국 (B.C. 2333)

철기 문화 보급 (B.C. 300년경)
고조선 멸망 (B.C. 108)

고구려 불교 전래 (372)
신라 불교 공인 (527)

대조영 발해 건국 (698)
장보고 청해진 설치 (828)
왕건 고려 건국 (918)
귀주 대첩 (1019)
윤관 여진 정벌 (1107)

훈민정음 창제 (1443)
임진왜란 (1592~1598)
한산도 대첩 (1592)

상단 시대 구분 띠

B.C.	선사 시대 및 연맹 왕국 시대	A.D. 삼국 시대	698 남북국 시대	918	고려 시대	1392

2000	500	400	300	100	0	300	500	600	800	900	1000	1100	1200	1300	1400	1500	1600

하단 시대 구분 띠

B.C.	고대 사회	A.D. 375	중세 사회	1400

하단 (세계사)

중국 황하 문명 시작 (B.C. 2500년경)

인도 석가모니 탄생 (B.C. 563년경)

알렉산더 대왕 동방 원정 (B.C. 334)

크리스트교 공인 (313)
게르만 민족 대이동 시작 (375)
로마 제국 동서로 분열 (395)

수나라 중국 통일 (589)

이슬람교 창시 (610)
수 멸망 당나라 건국 (618)

러시아 건국 (862)

거란 건국 (918)
송 태종 중국 통일 (979)

제1차 십자군 원정 (1096)

테무친 몽골 통일 칭기즈 칸이 됨 (1206)
원 제국 성립 (1271)

원 멸망 명 건국 (1368)

잔 다르크 영국군 격파 (1429)
구텐베르크 금속 활자 발명 (1450)

코페르니쿠스 지동설 주장 (1543)
도요토미 히데요시 일본 통일 (1590)

독일 30년 전쟁 (1618)
영국 청교도 혁명 (1642~1649)
뉴턴 만유인력의 법칙 발견 (1665)

석가모니 (B.C. 563?~B.C. 483?)

예수 (B.C. 4?~A.D. 30)

칭기즈 칸 (1162~1227)

조선 시대 | 1876 개화기 | 1897 대한 제국 | 1910 일제 강점기 | 1948 대한민국 시대 연표

한국 인물

정약용 (1762~1836)		주시경 (1876~1914)	우장춘 (1898~1959)	유관순 (1902~1920)
김정호 (?~?)		김구 (1876~1949)	방정환 (1899~1931)	윤봉길 (1908~1932)
		안창호 (1878~1938)		이중섭 (1916~1956)
		안중근 (1879~1910)		백남준 (1932~2006)
				이태석 (1962~2010)

한국 사건

- 이승훈 천주교 전도 (1784)
- 최제우 동학 창시 (1860)
- 김정호 대동여지도 제작 (1861)
- 강화도 조약 체결 (1876)
- 지석영 종두법 전래 (1879)
- 갑신정변 (1884)
- 동학 농민 운동, 갑오개혁 (1894)
- 대한 제국 성립 (1897)
- 을사조약 (1905)
- 헤이그 특사 파견, 고종 퇴위 (1907)
- 한일 강제 합방 (1910)
- 3·1 운동 (1919)
- 어린이날 제정 (1922)
- 윤봉길·이봉창 의거 (1932)
- 8·15 광복 (1945)
- 대한민국 정부 수립 (1948)
- 6·25 전쟁 (1950~1953)
- 10·26 사태 (1979)
- 6·29 민주화 선언 (1987)
- 서울 올림픽 개최 (1988)
- 북한 김일성 사망 (1994)
- 의약 분업 실시 (2000)

연대

1700 1800 1850 1860 1870 1880 1890 1900 1910 1920 1930 1940 1950 1970 1980 1990 2000

근대 사회 | 1900 현대 사회

세계 사건

- 미국 독립 선언 (1776)
- 프랑스 대혁명 (1789)
- 청·영국 아편 전쟁 (1840~1842)
- 미국 남북 전쟁 (1861~1865)
- 베를린 회의 (1878)
- 청·프랑스 전쟁 (1884~1885)
- 청·일 전쟁 (1894~1895)
- 헤이그 평화 회의 (1899)
- 영·일 동맹 (1902)
- 러·일 전쟁 (1904~1905)
- 제1차 세계 대전 (1914~1918)
- 러시아 혁명 (1917)
- 세계 경제 대공황 시작 (1929)
- 제2차 세계 대전 (1939~1945)
- 태평양 전쟁 (1941~1945)
- 국제 연합 성립 (1945)
- 소련 세계 최초 인공위성 발사 (1957)
- 제4차 중동 전쟁 (1973)
- 소련 아프가니스탄 침공 (1979)
- 미국 우주 왕복선 콜럼비아호 발사 (1981)
- 독일 통일 (1990)
- 유럽 11개국 단일 통화 유로화 채택 (1998)
- 미국 9·11 테러 (2001)

세계 인물

- 워싱턴 (1732~1799)
- 페스탈로치 (1746~1827)
- 모차르트 (1756~1791)
- 나폴레옹 (1769~1821)
- 링컨 (1809~1865)
- 나이팅게일 (1820~1910)
- 파브르 (1823~1915)
- 노벨 (1833~1896)
- 에디슨 (1847~1931)
- 가우디 (1852~1926)
- 라이트 형제 (형, 윌버 1867~1912 / 동생, 오빌 1871~1948)
- 마리 퀴리 (1867~1934)
- 간디 (1869~1948)
- 아문센 (1872~1928)
- 슈바이처 (1875~1965)
- 아인슈타인 (1879~1955)
- 헬렌 켈러 (1880~1968)
- 테레사 (1910~1997)
- 만델라 (1918~2013)
- 마틴 루서 킹 (1929~1968)
- 스티븐 호킹 (1942~2018)
- 오프라 윈프리 (1954~)
- 스티브 잡스 (1955~2011)
- 빌 게이츠 (1955~)

2022년 9월 25일 2판 4쇄 **펴냄**
2014년 1월 20일 2판 1쇄 **펴냄**
2008년 6월 10일 1판 1쇄 **펴냄**

펴낸곳 (주)효리원
펴낸이 윤종근
글쓴이 양재홍 · **그린이** 김옥재
사진 제공 중앙포토
등록 1990년 12월 20일 · **번호** 2-1108
우편 번호 03147
주소 서울시 종로구 삼일대로 457, 406호
전화 02)3675-5222 · **팩스** 02)765-5222

ⓒ 2008 · 2014, (주)효리원

ISBN 978-89-281-0316-4 64990

이메일 hyoreewon@hyoreewon.com
홈페이지 www.hyoreewon.com